インド

正式国名

インド共和国

面積

328万**7469**㎢

（日本は37万7975㎢）

人口

14億**3651**万人

（日本は1億2445万人）

国旗

サフラン色、白、緑の3色で構成され、中央にはチャクラという仏教のシンボルがえがかれている。サフラン色は勇気と慈悲深さと犠牲、白は真理と平和、緑は公正と豊作を表す。

日本との距離

東京からデリーまで

直線距離　約**5840**km

時差

インドは日本より3時間30分おそい。日本が正午のとき、インドは午前8時30分。

気候

広大なインドには砂漠、山地、ジャングル、海岸など、さまざまな自然があり、気候も変化に富んでいる。インドの多くの地域はモンスーン気候に属し、乾季と雨季のはっきりした区別がある。

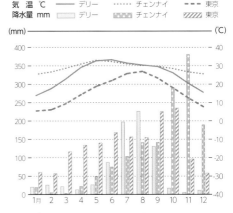

気温 ℃　　デリー　　チェンナイ　　東京
降水量 mm　デリー　　チェンナイ　　東京

▲デリー、チェンナイと東京の月別平均気温と降水量（『理科年表 2023』丸善出版）

インドの世界遺産

2023年現在、42件が世界遺産として登録されている（国境をこえるものをふくむ）。

● アジャンター石窟群
● エローラ石窟群
● アグラ城塞
● タージ・マハル
● コナーラクの太陽神寺院
● ゴアの教会群と修道院群
● デリーのフマユーン廟

ほか

▲タージ・マハル。ムガル帝国第5代皇帝シャー・ジャハーン（1592〜1666年）が妻ムムターズ・マハル（1595〜1631年）の死を悼み、22年の歳月をかけてつくった廟。アグラ市のヤムナ川岸に建てられている。

▲オールドデリーにあるジャーマ・マスジド。タージ・マハルを建造したムガル帝国第5代皇帝シャー・ジャハーンによって6年以上の歳月をかけて建てられ、1656年に完成した。

▲ラール・キラは、タージ・マハルを築いたムガル帝国第5代皇帝シャー・ジャハーンが、ヤムナ川のほとりに建築した城塞。

インドと周辺の国ぐに

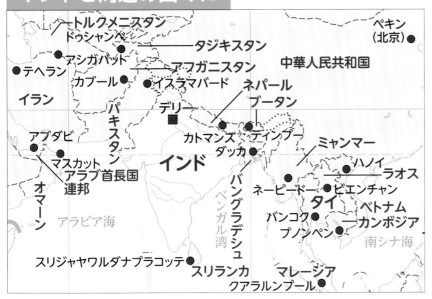

トルクメニスタン
ドゥシャンベ
タジキスタン
アシガバット
アフガニスタン
中華人民共和国
ペキン（北京）
テヘラン
カブール
イスラマバード
ネパール
イラン
デリー
ブータン
パキスタン
アブダビ
カトマンズ
ティンプー
ミャンマー
マスカット
インド
ダッカ
ハノイ
アラブ首長国連邦
バングラデシュ
ネーピードー
ラオス
オマーン
ベンガル湾
ビエンチャン
タイ
ベトナム
バンコク
カンボジア
アラビア海
プノンペン
南シナ海
スリジャヤワルダナプラコッテ
スリランカ
マレーシア
クアラルンプール

▲ムガル帝国第2代皇帝のフマユーンの廟。タージ・マハルは、フマユーン廟に影響を受けて建てられたといわれる。

現地取材！ 世界のくらし ⑫

インド

文・写真：常見藤代　監修：山下博司

南部のケララ州にあるムンロー島で、燃料に使うココナツの木の葉を運ぶ女性。

現地取材！ 世界のくらし⑫

インド

もくじ

● シュブ プラバート
おはようございます
● ナマステ
こんにちは
● シュブ サンディヤー
こんばんは

家で飼っている牛の乳しぼりをする村の女性。

赤ちゃんをだく南部
ケララ州の女性。

ケララ州ムンロー島の売店。

ニューデリーのフマユーン廟の見学に来た中学生。

◀こちらのサイトにアクセスすると、本書に掲載していない写真や、関連動画を見ることができます。

ワーラーナシーのガンジス川ぞいでシバ神の格好をした女の子。

チェンナイのコーラン学校で学ぶ子どもたち。

自分のココナツの実を自転車にくくりつけて運ぶ。

先生の家で放課後の課外授業に参加するムンロー島の子どもたち。

広い国土と大自然

▲アラビア海に面したムンロー島。一年じゅうあたたかく、ヤシの木が生いしげっている。（地図❶）

1 雄大な自然と季節風の影響

インドは世界で7番目に広い国で、約330万km²（日本の約9倍）の面積があります。国土の南半分はインド洋に逆三角形につきだしたインド半島で、東はベンガル湾、西はアラビア海にはさまれています。

国土の南北の長さは約3100kmです。北には世界でもっとも高い山やまが連なるヒマラヤ山脈があり、一年じゅう雪が積もっています。南部は赤道に近く、一年じゅう温暖です。

主要な河川のひとつにガンジス川があり、ヒマラヤ山脈を水源として、北東部の西から東へ約2500kmを流れてベンガル湾に注いでいます。ガンジス川は聖なる川としてインドの人びとに神聖視されています（→p8）。

気候は全体的にモンスーン（季節風）の影響を受け、5〜9月はインド洋方向からふく高温多湿の南西風の影響で、たくさんの雨が降ります。11〜3月は、北東からふく乾燥した風の影響で乾季となります。

インドは豊かな動植物にめぐまれ、ゾウ、ライオンなど大型動物も生息しています。北西部の砂漠地帯ではラクダやヤギがおもな家畜です。これより東方の平野部では、牛や水牛が大切にされています。

▲インド北部のラダック地方の村。標高約3500mのこの村では、夏の7月にも雪が積もることがある（写真は7月）。（地図❷）

デリー
ジャイプール　●アグラ　●ダージリン
　　　　　　　　　●ワーラーナシー
　　　　❸　　❹　　●コルカタ
　　●ムンバイ
　●ゴア
　　●チェンナイ
❶
　●カンニャークマリ

▲北西部の乾燥地帯では、乾燥に強いラクダが飼育されている。（地図❸）

▲ガンジス川に近い農村で、牛にあたえる牧草を収穫している。モンスーンによる雨が河川の周辺をうるおし、豊かな耕作地をもたらしてきた。（地図❹）

国のあらまし①

世界一人口が多い国

オールドデリーの朝の風景。リキシャ（→p25）が人びとの大切な生活の足となっている。

多様な民族や言語

　インドの人口は2023年に14億3651万人となり、中国をぬいて世界最多となりました。人口がふえている要因には、教育水準が向上して衛生についての知識が広まったことや、医療の普及によって乳幼児の死亡率が低下したことなどがあります。また、子孫をふやすことが一族の繁栄につながるという伝統的な考えがあることや、今も貧しい家庭などでは子どもが重要な労働力であることも、人口増加の要因と考えられています。インドの人口構成は若年層が多く、これからも人口増加が続くことが予想されます。

　インドには数百の民族がいるといわれています。白っぽい肌のインド・アーリア人が人口の70％あまりで、インドの先住民である黒っぽい肌のドラビダ人をあわせると、人口の90％以上を占めます。このほかにも多くの少数民族がくらしています。それぞれの民族で話す言葉も文字もちがいます。

▲ワーラーナシーの商店街を人間にまじって歩きまわる牛。

▲インドにくらすさまざまな民族。左：ドクパという少数民族。頭に色とりどりの花やホオズキをかざる。中：北西部ラージャスターン州にくらすメグワル族の女性。右：チベット系の民族であるラダック人。チベット仏教を信仰している。

農村社会と牛

インドでは農業など第一次産業がさかんで、約70%の人びとが農村にくらしています。

農村の多くの家庭では牛を飼っています。牛は、ヒンドゥー教徒（→p8）にとって聖なる動物です。また、それだけでなく、生活に欠かせない牛ふんやミルクなどを提供する大切な生き物でもあります。

牛ふんは、調理の貴重な燃料になります。農村の伝統的な家には、牛ふんと土をまぜた壁土が用いられています。牛ふんは乾燥して固まるとにおいがなくなり、虫がきらう成分がふくまれているために害虫よけになります。

▲稲の収穫作業もサリー（→28ページ）すがたでおこなう。

▲牛ふん燃料は牛ふんとわらをまぜてこねてつくられる。

信心深いインドの人びと

ワーラーナシーのガンジス川で沐浴する人びと。ワーラーナシーはヒンドゥー教徒にとって最大の聖地のひとつであり、ガンジス川の聖なる水で沐浴すれば、すべての罪が清められると信じられている。

80％がヒンドゥー教徒

インドではほとんどの人が何らかの宗教を信じています。人口の約80％がヒンドゥー教徒で、その総数は全世界のヒンドゥー教徒の95％以上にあたります。

ヒンドゥー教はキリスト教やイスラム教のような創始者がなく、洗礼の儀式もありません。たくさんの神様がいる多神教で、そのうち最高神とされるのはシバ神やビシュヌ神です。シバ神の息子で、ゾウの頭をしたガネーシャ神も人気があります。これは富と繁栄の神で、インドでは何かを始めるときにガネーシャ神を拝んで成功を祈る風習があります。このようにヒンドゥー教では自分の好きな神様を通じて、さまざまな願いごとをすることができます。

◀寺院のまわりには神様のブロマイドや、花やお香を売る店がならんでいる。

インド社会におけるカースト制

日本で知られるカーストは、「ヴァルナ」とよばれる浄・不浄観にもとづく身分区分のことだが、インド人の多くが意味するカーストは、数千の世襲的な職業集団を意味する「ジャーティ」をさす。結婚も同じジャーティ内でおこなわれることが多く、カースト制はインド社会に根強く残っている。

イスラム教徒の数は世界第3位

　ヒンドゥー教徒についで多いのがイスラム教徒で、国内人口の約14％を占めるといわれています。インドは世界で3番目にイスラム教徒が多い国です。イスラム教は8世紀ごろインド洋を渡ってきたアラブの交易商人たちによって伝えられました。イスラム教徒はサウジアラビアのメッカの方向に向かって1日5回礼拝をおこないます。またブタを不浄の動物と考えるため、ぶた肉は口にしません（→p22）。

▲デリーにあるインド最大のモスク、ジャーマ・マスジド。

▲イスラム教徒の女性はスカーフで髪をかくす。

そのほかの宗教

　インドの人口の約2.3％がキリスト教徒です。キリスト教は日本と同時期に、ポルトガルのイエズス会によってゴアに伝えられました。次に多いのがシク教徒で1.7％、仏教徒が0.7％、ジャイナ教徒が0.4％です。

　シク教は16世紀初頭、開祖グル・ナーナクによっておこされた宗教で、ヒンドゥー教とイスラム教を融合しつつ、カーストを否定しました。ジャイナ教は苦行と禁欲主義で知られ、不殺生と菜食を厳格に守っています。ジャイナ教の信者はほぼインド国内に限られています。

▲シク教寺院でお祈りに参加する人びと。

◀祈りをささげるキリスト教徒の女性。

▲ジャイナ教寺院で働く司祭。誤って口から虫を吸いこんでしまうのを避けるため、布などで口をおおっている。

都市部に住む5人家族

左からおじいさん、おばあさん、お父さん、ジナルさん。家族を大切にするインドでは、3世代同居が多い。おばあさんは家でもサリー（→p28）を着てすごす。

静かな住宅街の2階建て住居

ジナルさん（10歳）の家は、インド北部のまちワーラーナシーの中心部から6kmほどの場所にあります。家は鉄筋コンクリートの2階建てで、周囲は同じような鉄筋コンクリートの家がたちならぶ静かな住宅街です。家はおじいさんが20年以上前に土地を買って1階部分を建て、そのあとお父さんが2階を増築しました。今はおもに2階でくらしています。

2階の玄関でくつをぬいで家に入ります。まずふきぬけになったロビーがあり、その右手は台所、左手は居間です。

▲ジナルさんの家の外観。

◀お母さんに髪をゆってもらうジナルさん。

▲家の周囲の住宅街。車の通りも少なく静か。

▲通りに面したベランダ。ここにタオルなどを干す。（間取り図 **1**）

▲玄関ではくつをぬぐ。インドではくつは不浄なものとみなされ、室内ではぬぐべきとされる。

▲ヒンドゥー教の神様をまつる祭壇。おじいさん・おばあさんは毎日お祈りをする。（間取り図 **6**）

▲ジナルさんの子ども部屋で、親子３人でゲームをする。

▶ペットのインコ。

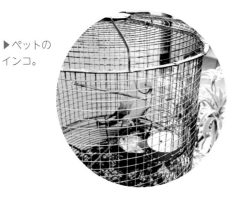

［２階のおおまかな間取り］

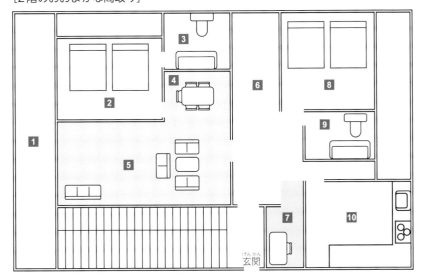

1 ベランダ		**2** 祖父母の寝室	
3 バスルーム		**4** ダイニング	
5 居間		**6** 祭壇	
7 子ども部屋		**8** 父母の寝室	
9 バスルーム		**10** 台所	

11

みんながくつろげる家

■ L字型の使いやすい台所

　家庭料理を大切にするインド人の家では、1日3食自宅で料理をします。毎日の食事はお母さんとおばあさんの2人でつくります。ジナルさんもときどきチャパーティー（うすく焼いた無発酵のパン）を焼くのを手伝います。

　台所には水道がありますが、生活に必要な水はおもに地下水を使います。水道の水が出る時間が朝6時～10時、夕方6時～8時と決まっているためです。水道よりも地下水のほうがおいしいそうです。飲み水は浄水器を通します。

▲調味料入れ。調理中に使いやすいよう、ガスコンロの左下の引き出しに入っている。

▲ガスコンロは4口の卓上設置タイプ。スイッチをひねれば火がつく。

▲ガスボンベ。中流以上の家庭ではプロパンガスが一般的。

▲食器はすべてステンレス製。軽くて丈夫で、よごれが落としやすく、スパイス（→p16）の色うつりも少ないため。

▲食材保存棚。調味料や干物などを入れる。

▲冷蔵庫には神様のポスターがはられている。

▲食事のしたくをするお母さんとおばあさん。インドの家庭では女性が料理をすることが多い。(間取り図10)

◀浄水器。中流以上の家庭には浄水器があることが多い。

▲居間でくつろぐ家族。家族だんらんの時間には、チャイ（インドのミルクティー）が欠かせない。（間取り図5）

居間やトイレ

　くらしの中心は広い居間です。ここには低いテーブルとソファがあり、家族そろってお茶を飲みながらおしゃべりをしたり、テレビを見たりします。

　電気は毎日30分ほど停電があるため、電池の自家発電装置をもっています。バスルームには洋式タイプのトイレのほかに、バスタブとシャワーもあります。

▲居間。右手にダイニングがあり、その奥におじいさんとおばあさんの寝室がある。（間取り図2 4）

▲ジナルさんの好きな番組はアニメで、『ドラえもん』の大ファン。

▲中流以上の家には洋式トイレが設置されていることも多い。トイレットペーパーは使わず、水でおしりを洗う家庭も少なくはない。（間取り図9）

子ども部屋や親子の関係

▲メモをとるジナルさん。壁には世界地図や自分でえがいた絵がかざられている。
（間取り図 **7**）

▲机の上の筆記用具。いちばん左はドラえもんのキャラクターであるスネ夫がえがかれた小物入れ。

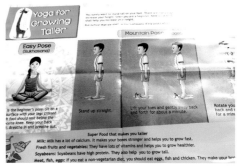

▲ヨガのポスター。身長をのばすための動きが解説されている。インドでは一般的に男女とも背が高いほうがかっこいいと思われている。

子ども部屋と屋上

　ジナルさんの部屋はドアがないオープンスペースで、台所と小窓でつながっています。ここで親子3人でゲームをすることもあります。
　屋上は洗濯物干し場やフリースペースです。

屋上には貯水タンクもあり、地下からくみあげた水をためています。ワーラーナシーではおよそ4割の家が地下水をくみあげています。タンクからもれた水は、バケツにためて植木の水やりに使います。植木の水をやるお手伝いさんが2日に1回くるそうです。

▲屋上には洗濯物を干している。

▲貯水タンク。

女の子がほしかったお父さん

インドの家庭では男の子のほうが求められる傾向にあります。男の子は後継になれるためと、インドでは女の子が結婚するとき、ダウリーという持参金を用意する習慣があるためです。ダウリーの額がその家の富や名誉の象徴とされてきた面もあります。しかしお父さんは以前から女の子がほしいと思っていて、ジナルさんが生まれたときは、とてもうれしかったそうです。

> 勉強はある程度理解していればよく、成績がよくなくてもかまいません。将来の職業の選択も自由にさせてあげたいです。

▲お父さんとジナルさん。

◀お父さんがスマートフォンを見ている横でのぞきこむジナルさん。

ジナルさんの1日

朝5時15分におきます。歯をみがき、シャワーを浴びたら、制服に着がえて朝食を食べます。朝食はミルクとクッキーとパンです。そして髪をお母さんに結んでもらい、6時10分にむかえのバスに乗って学校へ行きます。

学校が終わって午後1時40分に家に帰ります。2時15分に昼食を食べて、2時20分から3時半まで昼寝をします。そして3時半から4時半まで宿題をし、4時半から5時半まで近所の数学の先生のところで勉強します。

それから家に帰って5時半から6時までほかの勉強をし、そのあとは遊びの時間です。テレビを見るなどします。夕食は8時半から。その後またテレビを見るなどして、10時に就寝します。

好きな科目は社会科学、趣味は絵画とダンス。お手伝いは、料理をつくったり、洗濯物を干したりたたんだりします。

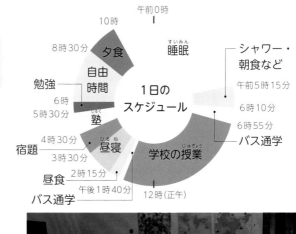

1日のスケジュール

- 午前0時
- 睡眠
- シャワー・朝食など 午前5時15分
- 6時10分
- バス通学 6時55分
- 学校の授業 12時（正午）
- バス通学 午後1時40分
- 昼食 2時15分
- 昼寝 3時30分
- 宿題 4時30分
- 塾 5時30分
- 勉強 6時
- 自由時間
- 夕食 8時30分
- 10時

▲宿題をするジナルさん。将来の夢はAIエンジニアになること。

15

北インドの家庭の味

ジナルさんの食事風景。宗教上の理由から肉は食べないベジタリアンの家庭。

スパイスが主役

インドの食事は基本的に主食とおかずで、主食はパンか米です。おかずはスパイスを組みあわせてつくります。スパイスは、料理に味やかおりをつけたり風味を加えたりする植物です。煮物なら煮汁の中にスパイスを入れ、焼き魚なら表面にスパイスをまぶして使います。スパイスの組みあわせは家庭や料理によってことなります。よく使われるスパイスはターメリック、クミン、コリアンダー、コショウなどです。

インドは一般的に暑い気候のため、食中毒を防ぐために食材を熱します。スパイスにも殺菌効果があり、食中毒を防ぐのに役立ちます。

◀ふだんよく使うスパイスは、このように丸いトレイに入れられている。

◀ベジタリアン家庭の食事。チャパーティーとサブジ（野菜のいため煮）、チャトニ（スパイスや野菜をすりつぶした薬味）。

４割の人が菜食主義者（ベジタリアン）

　インドでは約４割の人が肉を食べないベジタリアンともいわれます。ヒンドゥー教では死や体からの排出物（血液、唾液、目やに、耳あか、毛、汚物）などが不浄とされており、動物を殺して食べる肉食は死と血液にかかわるからです。ベジタリアンの人が食べるのは穀物、イモ類、豆類、野菜、果物、乳製品などです。肉のかわりに豆や乳製品をたくさん食べることで、必要なタンパク質を得ています。

チャトニのつくり方

▲チャトニの材料。ミントやコリアンダーなどの香草、レモン、塩。

▲材料をミキサーに入れ、30秒から１分ほどかくはんさせる。

チャパーティーのつくり方

▲全粒粉と水と塩をまぜてこねる。

▲棒で平らにのばす。

▲熱した鉄板の上で焼く。

サブジのつくり方

1. 食材はまな板を使わずに切る。
2. 料理のベースとなるトマトをミキサーにかける。
3. なべに油をひき、トマトをいためる。
4. ほかの野菜を入れ、スパイスを加える。
5. 水やスパイスを加えながら、味をととのえる。

北部と南部でことなる食文化

北部はパン、南部は米

　インドの料理はおおまかに北と南に分けられます。北部は小麦の栽培がさかんで主食はパン、南部は稲作がさかんで主食は米です。米粉に豆粉を加えてつくる蒸しパンのイドリや、それをクレープ状に焼いたドーサなどもあります。おかずは米とまぜやすいよう汁気が多いのが特徴です。豆と野菜を煮こんだサンバールというスープなどが代表的な料理です。

▲南部の定食はミールスとよばれる。ミールスは菜食料理がふつうで、ご飯、数種類のおかずなどがならぶ。汁気が多い料理は、あらかじめご飯にかけて出される。

▲ベジタリアン家庭の食事。チャパーティーとダール（豆のスープ）、サブジ（野菜のいため煮）、チャトニ（スパイスや野菜をすりつぶした薬味）。

▲白いパンはイドリ。サンバールなどのスープ類やココナツチャトニ（ココナツのソース）などのつけあわせとまぜて食べる。

軽食やお菓子

　暑いインドでは揚げ物が好まれます。サモーサーは代表的な軽食で、小麦粉を練った生地で、スパイスといためたジャガイモやグリーンピースなどの具を包み、四面体にまとめて揚げたものです。ヒンドゥー教徒には肉を食べないベジタリアンが多いので、タンパク質をとるためにヨーグルトやチーズなどもよく食べられます。インドのお菓子は、豆などの材料に、ギー（精製バター）や砂糖を加えて煮つめたものが多いです。

▲サモーサー（左）はインド全土でもっとも手軽なスナックとして人気。

▲揚げたサンドイッチ。中にパニール（チーズ）が入っている。

▲ヨーグルトを売る店。素焼きのカップに盛られて出される。

▲お菓子店。左はギーと砂糖を加えて煮つめたラドゥというお菓子。

食事の作法

▲南インドの食堂でドーサを食べる夫婦。ドーサを手でつぶしながらスープとまぜあわせて食べる。

▲北インドの小学校の給食。ダール（豆のスープ）とご飯を手でまぜながら食べる。

●右手で食べる

　手で食べるのは、だれが使ったのかわからないスプーンなどより、きれいに洗った自分の手のほうが清潔だというヒンドゥー教の独特の浄・不浄の考え方からきている。右手は神聖な手、左手は不浄の手とされている。食事の前後には必ず手を洗う。

●食器を持たない

　日本では食器を持って食べるのがマナーだが、インドでは食器を手で持ちあげることはあまりしない。不浄とされる左手で食器をさわらないためでもある。

●まぜて食べる

　主食はおかずとまぜあわせ、親指でおしこむように口に入れる。パンの場合は、ちぎったパンでおかずをはさんで食べる。手で食べることで、舌と目、鼻にくわえ、指でも味わいながら食べることができる。

●食器の数は少なくする

　食事はたいていご飯とおかずを1つの大きな皿にいっしょに盛る。ごはんとおかずをまぜて食べるので、結局は1つになってしまうため。

飲み物

　わかしたミルクに紅茶をまぜて砂糖をたっぷり入れた「チャイ」は、インドの国民的な飲み物。インドのまちなかではどこでもチャイの屋台やスタンドを見かけます。南部ではコーヒーもよく飲まれています。新鮮な果物を使ったジュースの中で、もっとも手ごろなのはサトウキビジュースです。

▲チャイは素焼きのカップにそそぐのが古くからの習慣。素焼きの器は使い捨てで、捨てれば土にかえる。

▲チェンナイのドリンクスタンド。高いところから注いで砂糖と紅茶をまぜる。

▲サトウキビのジュースをつくるようす。サトウキビをローラーに入れて、汁をしぼりだす。

▲イチゴとリンゴのミルクシェイク。インドには新鮮な果物が豊富にある。

村の大家族の食卓

台所でチャパーティーを焼くお母さん。左の大きなステンレスの入れ物には小麦粉と雑穀が入っている。

いそがしい朝の台所

インド北西部にあるラージャスターン州の村の家におじゃましました。家族十数人がいっしょにくらす大家族です。毎朝、お母さんが料理をつくり、パンを焼きます。ほとんどは野菜や豆の煮こみ料理です。子どもたちは学校に行く準備ができた順に、お母さんがパンを焼くそばで朝ご飯を食べます。そのあいだにお父さんの弟の奥さんが子どもたちのお弁当をつくります。

▲キッチンばさみで野菜を切る。

▲キュウリのサブジの材料。

▲よく使うスパイス。

◀子どもたちが学校にもっていくお弁当をつくる。

▲お弁当は焼きたてのチャパーティーとサブジ。

主食は雑穀のパン

家ではふだんチャパーティーのほかに雑穀のパンもよく食べます。雑穀とはアワ、ヒエ、キビなどをまとめてよぶ言葉です。雑穀は雨季のあいだに種を植え、およそ3か月後に収穫します。

雑穀のパンは、チャパーティーとちがい、棒を使わず、手だけで生地を平らにします。そのためチャパーティーより厚みがあるので、フライパンで焼いたあと、さらに火のそばにしばらく置いて、よく火を通します。

▲雑穀のパンを焼くおばあさん。フライパンで焼いたあと、火のそばに置いて火を通す。

▲雑穀。これを機械でひいて粉にする。

昼食風景。左からおじいさんのいとこ、おじいさん、子どもたち。

宗教と食のつながり

オールドデリー中心部にあるジャーマ・マスジド。ラマダン中の日没前後にはおおぜいのイスラム教徒たちでにぎわう。

動画が見られる！

イスラム教の断食

　イスラム教徒は、イスラム暦＊の第9月にあたるラマダン月に、夜明け前の礼拝から日没の礼拝まで断食をおこないます。この月は聖典コーランが最初に神から下された神聖な月だからです。日没後、1日断食しおえた喜びをみなで分かちあうため、多くの人がモスクに集まり、断食明けの食事をいっしょに食べます。

　ベジタリアンが多いヒンドゥー教徒とちがい、イスラム教徒は肉を食べます。ただし宗教の教えによりぶた肉は食べません。それ以外の肉も、宗教の教えにそった方法で食肉処理したものにかぎられます。

＊イスラム暦は月の運行にあわせた太陰暦で、1か月は29日または30日。ふだんは西暦を使うが、ラマダンなどの宗教行事はイスラム暦にそっておこなわれる。

◀食事をいただけることを感謝して神にお祈りをする。

◀イスラム教徒の多いオールドデリー地区にあるレストラン。

シク教のランガル

シク教（→p9）の寺院をグルドワーラーといいます。グルドワーラーには、ランガルという食堂・台所が設けられており、訪れる人すべてに、国も宗教も関係なく無料で食事を提供しています。それがシク教の教えの1つです。メニューはだれでも食べられるようにベジタリアン向けになっています。提供する食事は寄付によってまかなわれています。

▲デリーのもっとも大きなシク教寺院であるバングラ・サーヒブ・グルドワーラー。

▲大きななべで野菜を調理する。毎日1万2000食ほどを提供している（週末は4万食）。

▲調理はすべてボランティアがおこなう。ボランティアに参加するのは何時間でもかまわない。ボランティアにはシク教徒以外の人もいる。

この食堂では、一度に1000人が食事できる。シク教では人はみな平等だという精神のもと、床に一列に座って食事をする。

首都デリーのまちと交通

まちとくらし①

オールドデリーのまちなみ。せまい路地に小さな商店がたちならぶ。一日じゅうバイクやリキシャなどでごったがえしている。

動画が見られる！

旧市街のオールドデリー

デリーはオールドデリーとニューデリーという2つの地区からなります。オールドデリーは中世のイスラム王朝であるムガル帝国の首都として発展した旧市街で、インド・イスラム文化の中心地として栄えてきました。現在も多くのイスラム教徒がくらし、商店や市場が集まる人びとの生活の場となっています。まちは中世のままのつくりを多く残しており、道路がせまく入りくみ、車が入れないようなところもたくさんあります。

▲オールドデリーにあるムガル帝国時代の中央宮廷ラール・キラ。

▲オールドデリーの車が通れないような細い路地。

オールドデリーでよく見かけるのがリキシャです。これはうしろに座席（ざせき）のついた三輪の乗り物で、人力でこぐサイクルリキシャと、モーターつきのオートリキシャがあります。リキシャはせまい路地でも入っていけるため、人びとの便利な移動手段（いどうしゅだん）となっています。運賃（うんちん）は運転手との交渉（こうしょう）も必要です。リキシャは基本的（きほんてき）にニューデリー地区では運転を禁止（きんし）されています。

▲サイクルリキシャは小学生の通学手段（しゅだん）としてもよく利用される。

▲オートリキシャに乗ってマーケットに買い物に行く女性（じょせい）。

■ 新市街のニューデリー

ニューデリーの中央商店街コンノートプレイス地区はホテルやレストラン、企業（きぎょう）のビルなどがならぶ商業の中心地で、ここより北がオールドデリー、南がニューデリーです。

ニューデリーはイギリスの植民地時代の20世紀（せいき）はじめに、当時の首都だったコルカタ（カルカッタ）にかわる新しい首都として、オールドデリーの南に整備（せいび）された地域（ちいき）です。国会議事堂（こっかいぎじどう）や官公庁（かんこうちょう）などはニューデリーにあります。

▲新市街にはオフィスビルがたちならび、乗用車が多く走っている。

▼イギリス植民地時代につくられたコンノートプレイス地区の建物。

▲ニューデリーのまちを走るバス。

各地でにぎわうマーケット

■ 新鮮な花や食を求めて

　インド各地にはフラワーマーケットがあります。マーケットは日の出前からたくさんの人でにぎわいます。時間が早いほうが花が新鮮で、かつ花の種類も量も多いからです。

　インドのまちには近代的なモールなどもありますが、野菜や果物などの生鮮食品はマーケットで買います。そのほうが安くて新鮮だからです。1kgあたりの価格で売られていて、自分の好きな分量を秤ではかってもらって買います。

動画が見られる!

▲寺院にお供えするための花輪をつくる女性たち。インドのくらしにとって、花はなくてはならないもの。

▲ニューデリーのフラワーマーケットは国内でもっとも大きな市場のひとつ。

▲お供え用の花はこのようにまとめて運ぶ。

母親の誕生日のプレゼントの花を買いにきました。

◀たくさんの色や種類のバラが売られている。

▲ラージャスターン州の村の八百屋さん。

▲生きたまま売られているニワトリ。

▲ケララ州のバナナの屋台。さまざまな種類のバナナがある。

▲ヒツジのあしはスープの出汁に使われる。

ワーラーナシーの屋外マーケット。近くの農村から運ばれてきた新鮮な野菜がならぶ。

27

男女の服装と身だしなみ

ブラウス

ドッパッター

シャツ

ズボン

サリー

ペチコート

◀右の女性が着ているのがサリー、左の女性が着ているのがシャルワール・カミーズ。サリーは、サリーとブラウス（チョーリー）、ペチコートからなる。シャルワール・カミーズは丈の長いシャツとズボンを組みあわせたもの。胸元にかけるドッパッター（ショール）とズボンを同系色にあわせることが多い。子どもはワンピースやスカートなどの洋服を着ることが多い。

▼女性の額の上部中央にある赤い粉は「シンドゥール」。既婚女性が髪の生えぎわにぬるもの。

◢ 女性の服装

インドの女性の多くは日常的にサリーという民族衣装を着ています。サリーは1枚の長い布を体に巻きつけるもので、世界でもっとも美しい民族衣装といわれています。

ほかによく着用されているのがシャルワール・カミーズで、都市部では既婚・未婚を問わず、はば広い年齢層の女性に愛用されています。農村部では20代をすぎればサリーがふさわしい服装とされています。

女性の身だしなみ①

女性の肌の露出については、脇腹やうでは見せてもいいが、あしは見せてはいけないとされる。女の子はスカートをはくこともあるが、なるべくあしを出さないように着る。

女性の身だしなみ②

サリーの布を頭にかぶることもある。聖地などで宗教儀礼に参加する場合も、頭部をおおうことが多い。農村部の女性は、年長の男性や親族などに対して頭や顔をおおうのが礼儀とされる。

男性の服装

　男性の服装は都市部などでは洋服が一般的ですが、民族衣装も健在です。

　北部では上にクルターというゆったりした長い丈のシャツ、下にパージャーマーというズボンをはきます。どちらもうすい絹や綿でできています。

　南部で好まれているのがドーティーで、サリー同様1枚の腰布を下半身に巻きつけるものです。ヒンドゥー教では、つぎ目やぬい目が入っていない布が清浄とされるためです。

▲クルターとパージャーマーを着た男性（左から2番目と5番目）。

▲チェンナイの寺院にて。ドーティーを着た男性たち。インド文化において白は浄なるイメージがあり、寺院に入るときは白いドーティーの着用が求められる。

▲南部ケララ州の男性の多くは腰巻きを着用。

◀ヒンドゥー教の寺院の司祭。ヒンドゥー教では上半身裸が本来の正装。裸身に神聖な意味があるとされる。

男性の身だしなみ

男性が利用する床屋は青空床屋から現代的な若者向けの床屋までさまざまなタイプがある。インドではひげは男らしさの象徴とみなされ、成人男性の大半はひげをはやし、とくに口ひげをたくわえていることが多い。

学校生活①

まちの私立小学校を訪ねて

州によってちがう学校制度

ワーラーナシーに私立校オーキッド・インターナショナルスクールがあります。幼稚園から小学5年生までの学校です。2013年に政府の許可が下りて、正式に学校としてスタートしました。

インドでは私立でも国の法律やカリキュラムにそって運営する必要があります。学校は2学期制で、1学期は4〜9月、2学期は10月〜3月です。学期のあいだに1週間から10日間の休みがあります。夏休みは5月なかばから6月末、冬休みは12月末から1月2日までです。

◁校庭に集まって朝礼をおこなう。

▽校長先生とさまざまな学年の児童たち。

▲朝礼や授業の開始の合図は太鼓でおこなう。

◁毎週水曜の朝礼ではヨガをおこなう。写真は集中力を養うための片あし立ちのポーズ。

登校と朝礼

児童の登校時間は朝7時45分から8時です。学校が所有するリキシャで登校する児童もいれば、親がバイクで送りむかえをする児童、友達といっしょに歩いてくる児童、自転車に乗ってくる児童などもいます。

8時5分に朝礼が始まります。朝礼では国歌を歌ったり、先生が最近のできごとについて話をしたりします。水曜日だけ朝礼のときにヨガがあります。

▲インドは暑いので、みんな水筒をもってくる。

インドの学校制度			年齢のめやす
初等教育	前期初等教育	5年間（小学校）	6歳〜
	後期初等教育	3年間（中学校）	11歳〜
中等教育	前期中等教育	2年間	14歳〜
	後期中等教育	2年間	16歳〜
高等教育	大学	3年間	18歳〜
	大学院	4年間	21歳〜

学校制度は州ごとにことなるが、ほとんどの州で義務教育は小学校5年間と中学校3年間とされている。全国的に農村部より都市部のほうが私立の割合が高い。公立・私立の割合も州によってことなり、ワーラーナシーのあるウッタル・プラデーシュ州は、全国的に見て私立の割合が高いほう。私立にはさまざまなタイプがあり、卒業生のほとんどが有名大学に進学する有名進学校から、寺子屋のような学校まである。最近は富裕層以外の子どもたちも通える低額の私立校もふえている。

▲学校が所有するリキシャ（→25ページ）。

▲インドでは1台のバイクにたくさんの人が乗る。

▲校庭には自転車置き場も用意されている。

インタビュー

[オーキッド・インターナショナルスクール校長]
シーマ・ギリ先生

動画が見られる！

日本のみなさん、こんにちは。私はこの学校の校長をしているシーマです。この学校の名前にインターナショナルとあるのは、「世界のことを勉強できる学校」にしたいという思いからです。学校のモットーは「健全な体には健全な心がある」です。子どもたちには肉体的にも精神的にもよりよく成長してもらいたいと思っています。授業はすべて英語ですが、理解を完全なものにするためにヒンディー語で補習もしています。

授業やお弁当の時間

40分授業を7校時

　1学年は1クラスで、1クラスの人数は4年生までが60〜65人、5年生は45人です。先生は26人いて、そのうち6人が男性です。2年生までは女性の先生がクラスを担当します。小さい子には女性のほうが合っているという考えからです。また1、2年生は担任の先生が2人ついています。政府のきまりでは、児童15人に対して1人の先生が必要ですが、そこまで追いついていません。

　授業は小学校から英語でおこないます。科目ごとにその担当の先生が教えます。この学校では英語とコンピューターの科目を重視していて、1年生から授業があります。コンピューターラボで授業をおこなうのは3年生からです。

▲5年生のヒンディー語の授業のようす。

▲5年生のコンピューターの授業のようす。

校時	オーキッド・インターナショナルスクール　6年生の時間割							
校時	1	2	3		4	5	6	7
	8時15分〜8時55分	8時55分〜9時35分	9時35分〜10時15分	10時15分〜10時45分	10時45分〜11時25分	11時25分〜12時05分	12時05分〜12時45分	12時45分〜1時25分
月曜日	ヒンディー語	英語	数学	休み時間	コンピューター	科学	社会科	サンスクリット語
火曜日	ヒンディー語	英語	数学		コンピューター	科学	社会科	サンスクリット語
水曜日	ヒンディー語	英語	数学		コンピューター	科学	社会科	一般教養
木曜日	ヒンディー語	英語	数学		コンピューター	科学	社会科	マナー
金曜日	ヒンディー語	英語	数学		コンピューター	科学	社会科	マナー
土曜日	英会話				課外活動			

注：サンスクリット語は、ヒンディー語をはじめとする南アジアの北部から中部に分布する諸言語のもととなる言語。サンスクリット語で書かれた文献「ヴェーダ」は、人類史上もっとも古い文献のひとつ。

手づくりのお弁当

学校では給食はありませんが、3校時目と4校時目のあいだの休み時間に、家からもってきたお弁当を食べます。

お弁当の中身で多いのは、チャパーティーやプーリーなどのパンとサブジ（野菜のいため煮）です。暑いインドでは、肉や魚は腐りやすいのであまりもってきません。手で食べるので、食べる前と食べたあとには必ず手を洗います。

▲食べる前には「いただきます」と手をあわせる。

▲食べる前とあと、あわせて2回手を洗う。

1 インドで人気のインスタントめん「マギー」。お弁当箱を横にしていたので、いっぽうにかたよってしまった。
2 じゃがいものサブジと、プーリーという揚げパン。
3 プーリーと青菜のサブジ。
4 チーズやスナックなど。
5 プーリーにトマトケチャップをつけて食べる。
6 トマト味のマカロニ。

◀ふだんの食事と同じくお弁当も手で食べる。

33

村の公立女子校を訪ねて

朝礼のお祈りの時間。

北西部の村の公立女子校

　ラージャスターン州の村のガバメント・ガールズ・アッパー・プライマリースクールを訪ねました。1年生から8年生が通う公立の女子校です。5年生までは男子児童もいて、男女いっしょの教室で授業を受けます。7年生と8年生は女子だけです。

　インドでは公立学校は教科書や制服、授業料などすべて無料です。学校の授業は午前10時から午後4時までです。1年生から3年生は、ヒンディー語とこの地方の言語・マルワリ語で、4年生から8年生はヒンディー語で学びます。

▲授業の前に児童が教室をそうじする。

▶6年生の数学のテキスト。

▲6年生の数学の授業のようす。

◀女性の先生たち。

▲7年生の生徒たち。

◀寄付箱。学校を訪れた人からの寄付をつのっている。

▲手前の2人の女の子はイスラム教徒で、ラマダン月の断食（→p22）をしていた。

▲机が背丈にあわないため、床に座って授業を受ける子もいる。

昼食は午後1時から。学校の児童・生徒全員が外の地面に座って食べる。

35

人気の習いごとや遊び

動画が見られる！

▲チェンナイにあるバラタ・ナティアムの教室での練習。週2回練習がある。

▲手や頭や目の動きなどを使ってさまざまな物語を表現する。

踊りの習いごとやカバディ

　インド各地には古くから伝わる伝統舞踊があります。もともと寺院で神様にささげる奉納の舞として踊られてきたもので、今は各地の音楽祭や芸能祭でも公演されています。南インドの代表的な古典舞踊がバラタ・ナティアムで、女の子の習いごととして人気があります。

　インド発祥の遊びにカバディという集団のスポーツがあります。攻撃側の1人が「カバディ、カバディ」と言いつづけ、守備側の1人にタッチして自分たちの陣地にもどってこられれば得点が入ります。攻撃者がつかまってしまい、もどってこられなければ守備側に1点が入ります。

将来はドクターになりたいけど、ドクターになってもパートタイムでダンサーもやりたいな。

▼学校の休み時間にカバディで遊ぶ生徒たち。

▲公園にはさまざまな遊具があり、子どもたちや親子連れが遊ぶすがたが見られる。

映画大国インド

世界にほこるボリウッド

インドで1年間につくられる映画の本数は1500本以上にのぼります。ハリウッドをかかえるアメリカ合衆国を上まわり、世界でもっとも多く映画がつくられている国です。なかでも映画産業がさかんな都市がムンバイ（旧ボンベイ）で、ハリウッドをもじって「ボリウッド」とよばれています。

インド映画は歌と踊りをまじえたミュージカルのような構成で、ほとんどのストーリーがハッピーエンドなのが特徴です。

▲人気映画俳優を前面におしだした映画のポスター。

▲映画館の入り口で上映を待つ人びと。

クリケットと格闘技

インドでとくに人気のあるスポーツはクリケットです。これは野球の原型となったともいわれるスポーツで、バットとボールを使います。

バドミントンはインド発祥とされ、大人にはバドミントンも人気があります。

クシュティという伝統的な格闘技もあります。もともと神様にささげられたもので、道場の多くが寺院に併設されています。土の上で戦い、相手の背中を土につければ勝ちとされます。

▲日本の相撲とよく似たクシュティ。

▼クリケットを楽しむ光景はインドのあちこちで見られる。

インドの年中行事

ヒンドゥー教の三大祭り

　広大な国土と多様な宗教、民族をもつインドでは、各宗教や州ごとにさまざまな祝祭日があります。ヒンドゥー教の三大祭りは春を祝うホーリー、雨季の終わりのダシャラー、新年祭のディワリです。

　ホーリーでは豊作を祈って色あざやかな水や粉をかけあいます。ディワリは「光の祭り」ともよばれ、この日には家いえやまちなかにろうそくやきらびやかな照明がともされます。ディワリのときにお金を使うことは縁起がよいこととされ、多くの店でセールがおこなわれます。

動画が見られる!

▲ホーリーの日は色粉をつけあってお祝いする。この日は大人から子どもまで色をつけたり、つけられたりして大いに楽しむ。

インドのおもな年中行事	
(2023年の場合。インドではふだんは太陽暦にもとづいてくらしているが、宗教が関係する祝祭日は月の満ち欠けをもとにした太陰暦で日にちを決めるものが多く、祭りの日は毎年変わる。)	
1月26日	共和国記念日
3月8日	ホーリー
4月4日	マハーヴィーラ生誕日
4月7日	聖金曜日
4月22日	イード・アルフィトル
5月5日	釈迦誕生祭
6月29日	イード・アルアドハー
7月29日	イスラム新年
8月15日	独立記念日
10月2日	マハトマ・ガンディー生誕日
10月24日	ダシャラー
11月12日	ディワリ
12月25日	クリスマス

▲ディワリでは、ランゴーリという幸運を象徴する砂絵が床にえがかれ、繁栄の女神ラクシュミーをむかえる準備をする。ランゴーリは色粉でえがかれる。

◀ラクシュミー神を家に招き入れるための足の形のシール。

▲ディワリのときは、お祝いとして爆竹や花火がいたるところで打ちならされる。

■ イスラム教の犠牲祭

イスラム教の祭りのひとつイード・アルアドハー（犠牲祭）は、聖地メッカへの巡礼がおこなわれる巡礼月（イスラム暦第12月）に巡礼の完了を祝って動物をほふる祭りです。これは イスラム教徒の大先祖イブラヒームが、神の命令にしたがって一人息子を犠牲にささげようとしたが、信仰が認められ、かわりに動物をほふるよう命じられたという故事からきています。この日メッカと全イスラム世界で動物がほふられ、肉は貧しい人びとにも分けあたえられます。

▲インド北部のイスラム教徒の村で、ヤギをほふる家族。

▲この村では、子どもや大人がビニール袋を手に村の家いえを訪ねまわって、肉を分けあう。

■ チベット仏教の祭り

インド北部のラダック地方などではチベット仏教が信仰されています。チベット仏教のゴンパ（寺院）では、年に1度チャムとよばれる仮面舞踊を披露する祭りが2日間にわたっておこなわれ、近隣の村むらからおおぜいの人びとが訪れます。

▲仮面をつけて踊る僧侶。チャムではさまざまな種類の仮面が登場する。

▶ラダック地方の伝統衣装に身を包んで祭りを見物する村人たち。

▲チャムの最後に、登場した人びとがそろってゴンパの中庭で踊る。

行事と冠婚葬祭②

妊娠のお祝いと葬式

妊娠のお祝いシーマンダム

　ヒンドゥー教徒の既婚女性が妊娠すると、神様に安産をお願いするシーマンダムという儀式がおこなわれます。時期は妊娠7か月目から9か月目です。一般的には自宅でおこないますが、レストランなどでおこなうこともあります。儀式のあと、夫婦で聖なる動物である牛にお供えをし、集まった人びとに食事をふるまいます。

▲チェンナイ市内でも有数のレストランでおこなわれたシーマンダム。まわりの男性は儀式をつかさどる僧侶たち。

◀花輪を首にかけた夫婦。花輪はめでたいときにかける。

▼結婚式などヒンドゥー教の儀式ではよく火をたく。これは、煙を天にのぼらせて神様に祈るため、またはお供えを神様にわたすためのおこない。

▼左にいる牛のすがたをした人間は神様の世界にいる牛で、無限に乳を出すことができるとされている。

40

▲ヒンドゥー教徒にとって聖なる動物である牛をなでて、安産のお願いをする。

▲儀式に参加した正装の女性たち。

▲儀式のあと、食事がふるまわれる。

▲だれもが食べられるようベジタリアンの食事が供される。

ここに注目！ 葬式とヒンドゥー教徒の死生観

ヒンドゥー教徒は、聖なるガンジス川のほとりで火葬され、煙とともに魂が天にのぼることを願います。また、自分の灰がガンジス川に流されれば、現世での罪が清められ、天国に行けると信じられているため、焼かれたあとに残された遺骨は、灰とともにガンジス川に流されます。そのため墓をつくることはありません。

▲遺体をガンジス川ぞいの火葬場へ運ぶ。

▲ガンジス川ぞいの火葬場。運ばれた遺体は、積みあげられた薪の上に安置される。

自然環境にあわせたくらし

くらしの多様性

▲ラージャスターン州の村で、ヒツジを連れて放牧に出かける人。

乾燥地帯の放牧

　インドの北西部ラージャスターン州は乾燥地帯で農耕に適さないため、人びとは乾燥に強いヒツジやヤギの放牧でくらしを営んでいます。

　以前はほとんどの人がきまった住居をもたず、季節ごとに移り住んでくらしていましたが、今は多くの人が定住して日帰りで放牧に出かけています。朝10時ごろに放牧に出かけ、夕方4時ごろに家にもどります。

▲ヤギやヒツジのミルクは熱することなくそのままで飲む。そのほうが栄養分が損なわれないという。

▶放牧には、水筒と小さなバッグだけをもって出かける。

▶バッグの中にはお茶を入れる道具が入っている。放牧先では食事はしない。

南の島のくらし

　南部のケララ州にあるムンロー島は、漁業、ロープづくり、ココナツ栽培(さいばい)、エビの養殖(ようしょく)などがおもな産業です。

　島にふんだんにはえているココナツの木は、生活のあらゆる面をささえています。ロープの材料や料理の燃料(ねんりょう)として使われるほか、実の中の汁(しる)を飲んだり料理に使ったりもします。葉は屋根をふくために使われたり、繊維(せんい)を編(あ)んで敷(しき)物(もの)やカゴなどに加工されたりします。

▲島ではボートが大切な移動手段(いどうしゅだん)となっている。

動画が見られる!

▲ほぐしたココナツの果皮(かひ)の繊維(せんい)をつむいで、ロープをつくる女性(じょせい)たち。

▲素足(すあし)で木に登ってココナツの実をとる。

▼糸車を回して、ロープをつむぐ。

▲ロープづくりに使う道具は腰巻(こしまき)の間にさしこんでおく。

▲ロープの材料になるココナツの果皮(かひ)の繊維(せんい)。6か月間水につけておいて、繊維をやわらかくする。

貧困問題の現状と取り組み

チェンナイのスラム

近年めざましい経済成長をとげているインドですが、そのいっぽうで、人びとの経済格差が問題となっています。貧困ラインといわれる1日2.15ドル以下で生活する人びとが人口の約3分の1を占めており、多くの大都市には、スラム*があります。スラムの家では1つの部屋で料理、掃除、洗濯、睡眠がおこなわれ、排水システムも十分ではないため、さまざまな病気にかかりやすい環境にあります。そのため政府やNGOがさまざまな貧困対策に取り組んでいます。

*貧しい人が集まって住む場所。

▲チェンナイ市内のスラム。1000世帯ほどがくらす。家はレンガやビニールシート、ヤシの葉っぱなどでつくられている。

▲この家では1部屋に5人がくらしている。朝9時から夕方5時までほとんど停電している日もある。

ここに注目！

NGOスラムサッカー

NGOスラムサッカーは、チェンナイの数か所のスラムで子どもたちに無償でサッカーを教える活動をおこなっています。この活動は企業がスポンサーとなっています。スラムの子どもたちは学校をドロップアウトすることが多いため、サッカーがうまくなって自分に自信をもってもらいたいという願いが活動の原点となっています。企業によってはスポーツ入社枠を設けているところもあり、サッカーを続けることで就職しやすくなるという利点もあります。

◀コーチの男性。

▲現在43人の子どもたちがサッカーを習っている。

日本と長い歴史のある友好国

メトロや高速鉄道の支援

インドは日本のODA（政府開発援助）の最大の受け入れ国です。代表的なものはニューデリーやチェンナイなど大都市でのメトロ（地下鉄を中心とする都市交通網）の敷設で、日本式のシステムやソフトなどが使われています。

また、ムンバイと西部の商業都市アフマダーバードを結ぶ約500km間で、日本の新幹線方式を導入した高速鉄道の敷設も進められています。インドでは数多くの日本の支援団体も活動しています。

▲チェンナイメトロの車内。メトロは女性も安心して利用できるため、女性の行動範囲が大きく広がったといわれる。

▲ニューデリーのメトロのホーム。運賃は安価なためにだれもが利用しやすく、これによって市内の交通渋滞の緩和に役立っている。

ここに注目！

女性の自立などに向けた草の根支援

インドで活動する支援団体の1つであるNPO法人「アーシャ＝アジアの農民と歩む会」は、インドにおける貧困家庭の教育支援、女性の自立、自然にやさしい農業の普及、農家の収入向上などのために活動しています。日本米や大豆によるみそやしょうゆの製造、栄養価が高く栽培が簡単なモリンガの栽培指導をすることで、農家の収入の増加、地位向上に役立てています。

▲みそづくり。みそはおもにインド在住者へ販売している。みその麹は日本からもってくる。

▲女性向けの縫製教室。女性たちは小物やバッグをつくり、土産物として売ることで現金収入が得られるようになった。

インド基本データ

正式国名

インド共和国

首都

デリー

▲ニューデリーにあるショッピングモール。

言語

連邦公用語はヒンディー語、準公用語は英語。そのほか憲法に記載された22言語（ベンガル語、テルグ語、タミル語など）がある。

宗教

おもな宗教はヒンドゥー教で約79.8％を占め、ほかにイスラム教（14.2％）、キリスト教（2.3％）、シク教、仏教、ジャイナ教などがある。

▲アムリトサルにあるシク教総本山ゴールデンテンプル。

民族

インド・アーリア系が72%、ドラビダ系25%のほか、モンゴル系、トルコ系、イラン系などの人びとがいる。

通貨

ルピー。1ルピーは約1.8円（2023年）。紙幣は、500、200、100、50、20、10 ルピー。硬貨は10、5、2、1ルピー、50、10パイサがある。

▲上から500ルピー、200ルピー、100ルピー札。

産業

おもな産業は農業、工業、鉱業、IT産業で、農・鉱産物は、鉄鉱石、石炭、綿花、サトウキビ、米などが中心。ジェット機やミサイルなどの航空産業、自動車産業などの工業分野、コンピューターのソフトウェアの開発などのIT産業の発展もめざましい。

政治

政治体制は連邦共和制。国家元首は大統領で、連邦と州の議員の選挙で選ばれ、任期は5年。大統領の下に大統領が指名する首相がいて内閣をひきいている。
議会は二院制で上院245議席、下院543議席。下院の議員は大部分が国民の直接選挙で選ばれる。

軍事

陸軍約 **146**万人（2020年）
兵役は志願制。核兵器は、先制不使用、非核保有国への核兵器の不使用、核実験の停止などを条件に保持。

貿易

輸出総額 3242億ドル（2021年）
おもな輸出品は石油製品、宝石類、電気機器、一般機械、化学関連製品。輸出先はアメリカ、UAE、中国など。

輸入総額 4859億ドル（2021年）
おもな輸入品は原油・石油製品、宝石類、電気機器。おもな輸入元は中国、UAE、アメリカ、サウジアラビアなど。

日本への輸出
6746億円（2021年）
おもな輸出品は有機化合物、魚介類、ダイヤモンド、アルミニウム。

日本からの輸入
1兆**4111**億円（2021年）
おもな輸入品は一般機械、化学関連品、電気機器、銅など。

情報

テレビは国営のドゥールダルシャンをはじめ33チャンネル、ラジオは12チャンネルある。おもな新聞は英語紙「アジアン・エイジ」「ヒンドゥスタン・タイムズ」、ヒンディー語紙「ナババーラト」などの全国紙。

インドの歴史

アーリア人の侵入

紀元前3000年ごろ、現在のインドとパキスタンの国境あたりのインダス川ぞいに人びとが定住して都市をつくり、インダス文明を築きあげた。インダス文明衰退後の紀元前1500年ごろには、西方のアフガニスタンや中央アジアから遊牧民のアーリア人が侵入し、インドにもともと住んでいた先住民のドラビダ人は南へ追いやられていく。

アーリア人は紀元前1000年ごろにガンジス川上流域に移動し、王国を建設した。以後、ガンジス川流域からインダス川流域にかけて、さまざまな王国が興亡する時代をむかえる。

この時代に、バラモンを頂点として、先住民を支配する身分秩序のヴァルナ制が成立し、バラモンの教えを記す聖典の言語としてサンスクリット語が確立された。

紀元前6世紀ごろにバラモン中心の身分秩序を否定するジャイナ教や仏教が誕生し、国力を強めてバラモンの秩序に挑戦する王国も現れた。紀元4世紀におこったグプタ朝時代には、ヒンドゥー教が発展する。その後も諸国の群雄割拠が続いた。

▲ガンジス川の岸辺で祈りをささげるヒンドゥー教徒。

イスラム教の到来

13世紀ごろからイスラム教の勢力が侵入するようになり、16世紀に北部にムガル帝国が成立する。ムガル帝国はデリーを拠点とし、第3代皇帝アクバルの時代にデカン高原の一部にまで支配権を広げ、繁栄の基礎を築いた。そして17世紀なかばにはインド半島のほぼ全域を支配するようになった。しかし第6代皇帝アウラングゼーブは、イスラム教中心の政策をとったことから、彼の死後に各地で反乱があいつぎ、ムガル帝国の力は衰えていった。これにより各地で地方勢力が力をつけ、インドは混乱期に入る。

1600年にイギリスは東インド会社を設立。イギリスはムガル帝国の衰退を利用してインドを植民地化することに成功。インドは19世紀半ばから第二次世界大戦が終わるまで、イギリスの植民地となった。

▲南部の大都市チェンナイにあるモスク。

イギリスの植民地からの独立と現在

イギリスの植民地であったあいだに、マハトマ・ガンディーが「非暴力・不服従」を合言葉に独立運動を指導し、ガンディーを先頭とするはげしい民族運動がおこる。そして第二次世界大戦後の1947年に、ヒンドゥー教中心のインドと、イスラム教中心のパキスタンに分離した。その際にインド亜大陸内のヒンドゥー・シク教徒がインドへ、イスラム教徒がパキスタンへ追いやられて約1500万人が移動し、そのあいだの衝突で数十万人以上の犠牲者を出した。1971年3月にバングラデシュがパキスタンから分離・独立した。

独立後のインドは、各州に自治権が付与された連邦制をとった。初代首相に、ガンディーとともに独立運動をおこなったネルーが就任した。パキスタンとはカシミール地方をめぐって3度にわたり戦争がおこなわれ、中国とも紛争がおこった。1974年にインドは核実験をおこない、世界で6番目の核保有国となった。

独立後の憲法では、カーストによる差別は禁止された。しかし長いあいだ続いた制度はくらしに根づいていて、教育や結婚などに影響することが多く、貧富の格差の原因ともなっている。

さくいん

取材を終えて

常見藤代

　インドは、好きか嫌いかがはっきり分かれる国だといいます。一度行って「もうこりごり」と思う人と、はまってしまい、その後もたびたび通う人と。私はそのどちらでもないというのが正直なところです。インド人は隣国パキスタンのやさしい人びととくらべると、一見とてもそっけない。そして私はインドに行くと、どういうわけか必ず災難にみまわれるのです。

　私の最初のインドの旅は、取材のテーマをさがしてアジア・アフリカを放浪しているときでした。列車の中でトイレに行っているあいだに荷物を盗まれてしまったのです。幸いパスポートが入っていた小さなバッグは身につけていたので、それ以降はパスポートと現金だけをもって旅をしました。そのときの感想は「なんて身軽なんだろう」でした。荷物を盗んだインド人に感謝したくらいです。

　2回目はワーラーナシーのガンジス川の岸辺を歩いているときでした。ふいにうしろから野良犬に嚙まれ、以後は狂犬病ワクチンを接種しながら旅をすることに。狂犬病のワクチンは嚙まれた場合は5回、決められた間隔で打たなければ効果がないのです。ほかにもまちなかのレストランで食べた食事のために下痢と発熱で寝込んだりとトラブルはつきません。

▲村で、家に招いてくれた家族。中央は、かつらをかぶっておどけるご主人。

　ではインドが嫌いになったのか？というと、「また行きたい」と思います。インドの本当の魅力は村にあると思います。まちのインド人はたしかにそっけないのですが、一歩村に行くと、そこにはチャーミングで人なつこい人びとが待っています。見知らぬ外国人の私のすがたを見つけ、だれもが「家によっていけ」「お茶を飲んでいけ」と声をかけてくる。

　みなさんもいつかインドに行く機会があれば、ぜひ村にも足をのばしてみてください。

●監修
山下博司（東北大学大学院国際文化研究科名誉教授）

●取材協力（順不同・敬称略）
杉本昭男 /Shobhit Parikh/ 大滝英里 / 片岡恭子 / 深尾淳一 /
Orchid International School/Government Girls Upper Primary School/
Natyaranjani/ アーシャ＝アジアの農民と歩む会 /NGO スラムサッカー

●参考文献
山下博司・岡光信子『新版 インドを知る事典』（東京堂出版）
山下博司『ヒンドゥー教とインド社会』（山川出版社）
友澤和夫・編『世界地誌シリーズ5インド』（朝倉書店）
荒松雄『多重都市デリー 民族、宗教と政治権力』（中央公論社）
小磯千尋・小松久恵『インド文化読本』（丸善出版）
小磯千尋・小磯 学『世界の食文化8インド』（農山漁村文化協会）
鈴木正崇・編『南アジアの文化と社会を読み解く』（慶應義塾大学出版会）
石坂晋哉・宇根義己・舟橋健太・編『ようこそ南アジア世界へ』（昭和堂）
令和4年版防衛白書（防衛省）
『データブック オブ・ザ・ワールド 2023』（二宮書店）

●地図：株式会社平凡社地図出版
●校正：株式会社鷗来堂
●デザイン：株式会社クラップス（佐藤かおり）

現地取材！ 世界のくらし12

インド

発行　2024年4月　第1刷

文・写真　：常見藤代（つねみ ふじよ）
監修　　　：山下博司（やました ひろし）
発行者　　：千葉均
編集　　　：原田哲郎
発行所　　：株式会社ポプラ社
〒141-8210　東京都品川区西五反田3丁目5番8号
　　　　　　JR目黒MARCビル12階
ホームページ：www.poplar.co.jp（ポプラ社）
　　　　　　kodomottolab.poplar.co.jp（こどもっとラボ）
印刷・製本　：大日本印刷株式会社

©Fujiyo Tsunemi 2024 Printed in Japan
ISBN978-4-591-18086-0
N.D.C.292/48P/29cm

インド北部のカシミール地方の村で、
朝食のチャパーティーを焼く姉妹。